A wyddoch chi am
Ddaearyddiaeth Cymru?

diddorol

rhyfedd

anhygoel

anghredadwy

gwych

difyr

Diolch i Zac a Sam Archer a Morgan J. Jones am blannu'r hedyn ar gyfer y gyfres.

Cyhoeddwyd gyntaf yn 2013 gan
Wasg Gomer, Llandysul, Ceredigion, SA44 4JL
www.gomer.co.uk
ISBN 978 1 84851 442 3
ⓗ y testun: Elin Meek, 2013 ©
ⓗ y cartwnau: Eric Heyman, 2013 ©

Noddwyd gan Lywodraeth Cymru.

Cyhoeddwyd dan nawdd Cynllun Adnoddau Addysgu a Dysgu CBAC.

Argraffwyd a rhwymwyd yng Nghymru gan Wasg Gomer, Llandysul, Ceredigion, SA44 4JL

Dymuna'r cyhoeddwyr ddiolch i'r canlynol am roi caniatâd i atgynhyrchu lluniau yn y llyfr hwn:
Clawr blaen: Shutterstock
Alamy: t. 12 (blickwinkel), 14 (Pictorial Press Ltd), 16 (International Photobank; Andrew Chittock), 22 (epa
    European Pressphoto Agency creative account), 27 (Mark Salter), 30 (World History Archive).
Graham Howells: t. 27
PhotolibraryWales.com: t. 7 (Pierino Algieri), 8 (Steve Lewis), 10 (Aled Owen-Thomas; Liz Barry), 11 (Steve
    Benbow), 13 (Pearl Bucknall), 15 (Phil Holden), 18 (Keith Morris; Jeff Morgan), 19 (Jeff Morgan; Liz Barry), 25
    (Michael Dent; Jeremy Moore; Keith Morris), 26 (Aled Hughes), 27 (Neil Turner), 29 (Martin Barlow), 30 (Jeff
    Morgan).
Shutterstock: t. 6, 7, 8, 9, 10, 11, 12, 13, 14, 15, 16, 17, 19, 20, 21, 22, 23 (fpolat69), 24, 25, 26, 27, 28, 29, 30, 31, 32.

A wyddoch chi am Ddaearyddiaeth Cymru?

Elin Meek

Cartwnau gan Eric Heyman

Gomer

Cynnwys

Gwlad y Bryniau
A wyddoch chi ...

* ★ 8,000 milltir sgwâr yw arwynebedd Cymru.
* ★ Mae rhwng 60 milltir a 124 milltir o led o'r dwyrain i'r gorllewin.
* ★ Mae tua 160 milltir o'r gogledd i'r de.
* ★ Mae 10% o dir Cymru mewn trefi.
* ★ Mae coedwigoedd dros 13% o'r tir.
* ★ Mae cnydau'n cael eu tyfu ar 3% o'r tir.
* ★ Mae porfa a thir pori ar 73% o'r tir.
* ★ Mae'r rhan fwyaf o dir Cymru dros 150 metr o uchder!
* ★ Mae tair o ardaloedd mynyddig iawn:
  * • Eryri yn y gogledd-orllewin
  * • Mynyddoedd Cambria yng nghanolbarth Cymru
  * • Bannau Brycheiniog yn y de

Mynyddoedd Cambria
* ★ Y mynydd uchaf yw Pen Pumlumon Fawr (752 metr).
* ★ Mae mwy o ddefaid na phobl yn byw yn yr ardal hon!

Bannau Brycheiniog
* ★ Yma mae mynydd uchaf de Cymru, Pen y Fan (885 metr).
* ★ Mae Bannau Brycheiniog yn cael tua phedair gwaith mwy o law na Llundain.

Cadair Idris
* ★ Ardal fynyddig ger Dolgellau yw hon.
* ★ Maen nhw'n dweud bod tylwyth teg yn byw mewn ogofâu yn ardal Cadair Idris.

Ffaith!

Os ydych chi'n cysgur nos ger Pen y Gadair, gallech chi fod yn berson gwallgof pan fyddwch chi'n deffro yn y bore!

Geirfa

arwynebedd: maint arwyneb rhywbeth

cnwd/cnydau: planhigion bwyd sy'n cael eu tyfu ar fferm, fel ŷd, grawn a ffrwythau

mynyddig: darn o wlad sydd â llawer o fynyddoedd ynddo

gwallgof: rhywun sydd wedi colli ei bwyll; mynd yn hollol ddwl

Mynyddoedd Eryri
A wyddoch chi ...

C+A

CWESTIWN: Beth yw ystyr Eryri?

ATEB: Ystyr 'Eryri' yw ucheldir neu fynydd-dir.

* **Llosgfynyddoedd** a greodd Eryri filiynau o flynyddoedd yn ôl.

* Mae pob un o'r 15 copa dros 3,000 troedfedd (914 metr).

* Mae llawer o bobl yn dod i'r ardal er mwyn dringo'r copaon hyn i gyd.

* Mae tîm achub mynydd Dyffryn Ogwen yn achub dros 100 o bobl sy'n mynd i drafferth yn Eryri bob blwyddyn.

* Dim ond ar lethrau Eryri y mae Lili'r Wyddfa'n tyfu ym Mhrydain. Mae'n blodeuo ddiwedd mis Mai a dechrau mis Mehefin.

* Mae rhai o fynyddoedd Eryri wedi cael eu henwi ar ôl teulu brenhinol Cymru:

  • **Carnedd Llywelyn** (Llywelyn ein Llyw Olaf, 1225–1282)

  • **Carnedd Dafydd** (Dafydd ap Gruffudd, brawd Llywelyn, 1238–1283)

* Yn 2009, cafodd mynydd Carnedd Uchaf ei ailenwi yn **Garnedd Gwenllïan** ar ôl Gwenllïan, merch Llywelyn ein Llyw Olaf.

Carnedd Dafydd

Y Carneddau

Geirfa

ucheldir: darn mynyddig o dir

llosgfynydd/llosgfynyddoedd: mynydd â nwyon poeth iawn sydd weithiau'n ffrwydro

Mynydd Uchaf Cymru
A wyddoch chi ...

★ Yr Wyddfa yn Eryri yw mynydd uchaf Cymru.

★ Ar ddiwrnod clir, gallwch chi weld o'r copa i dde'r Alban, 144 milltir i ffwrdd!

★ Yn 1838, dechreuodd William Morris werthu bwyd a diod o gwt cerrig ar gopa'r Wyddfa.

★ Agorodd yr adeilad newydd, sef Hafod Eryri, yn 2009.

C+A

CWESTIWN: Pa mor uchel yw'r Wyddfa?
ATEB: 1,085 metr.

Ffaith!

Yn ystod yr Ail Ryfel Byd, roedd yr adeilad ar gopa'r Wyddfa'n cael ei ddefnyddio i wneud gwaith dirgel gyda radio a radar.

Ras yr Wyddfa

★ Mae Ras yr Wyddfa yn cael ei rhedeg bob blwyddyn ers 1976.

★ Mae hi'n ras 10 milltir o hyd, o Lanberis i gopa'r Wyddfa ac yn ôl.

★ Record y ras yw un awr, dwy funud a 29 eiliad, gan Kenny Stuart yn 1985.

Geirfa

copa: man uchaf
dirgel: yn gyfrinach

A wyddoch chi ...

Trên bach yr Wyddfa

★ Agorwyd rheilffordd i ben yr Wyddfa yn 1896.

★ Neidiodd teithiwr ofnus o'r trên i'w farwolaeth pan agorodd y rheilffordd.

C+A

CWESTIWN: Pa mor hir yw'r trac?
ATEB: Pedair milltir.

★ Fel arfer mae'r trenau'n teithio ar gyflymder o bum milltir yr awr.

★ Mae 55 o bobl yn gallu teithio mewn un cerbyd.

★ Mae'r daith yn ddwy awr a hanner o hyd – i fyny ac i lawr y mynydd.

★ Ci tywys yw'r unig anifail sy'n cael teithio ar y trenau.

★ Costiodd y trên cyntaf £1,525.

★ £250,000 oedd cost y trên diweddaraf yn 1992.

Ffaith!

Mae un o'r trenau cynharaf yn dal i weithio heddiw, ac mae rhai'n amcangyfrif ei fod wedi teithio digon o filltiroedd i gyrraedd y lleuad ac yn ôl bedair gwaith!

Geirfa

amcangyfrif: dweud beth yw maint rhywbeth yn eich barn chi

Afonydd
A wyddoch chi ...

★ **Afon Tywi** yw'r afon hiraf yng Nghymru.

C+A

CWESTIWN: Pa mor hir yw afon Tywi?
ATEB: 64 milltir.

★ Mae'r afon hiraf yn y byd, sef afon Nîl, yn 4,132 milltir o hyd.

★ **Afon Hafren** yw'r afon hiraf sy'n tarddu yng Nghymru, ond mae hi'n llifo drwy Loegr hefyd. Mae hi'n 220 milltir o hyd.

Afon Conwy

★ **Afon Conwy** ac **afon Dyfi** sy'n gorlifo amlaf yng Nghymru. Yn 2004, gorlifodd afon Conwy ddwy waith.

★ Yn 2001, bu farw dros 100,000 o bysgod oherwydd bod llygredd yn **afon Dyfrdwy**.

★ Mae pysgotwyr yn defnyddio cwrwgl ar afonydd **Tywi**, **Teifi** a **Thaf** (gorllewin Cymru).

Afon Menai

★ Nid afon yw afon Menai, ond culfor tua 12½ milltir o hyd rhwng Ynys Môn a Gwynedd.

★ Roedd sawl fferi'n arfer croesi afon Menai cyn i'r pontydd gael eu hadeiladu yn 1826 ac 1850.

★ Roedd porthmyn yn arfer gyrru gwartheg a moch i nofio ar draws yr afon yn ymyl Porthaethwy.

Geirfa

tarddu: codi; deillio; dod allan o

gorlifo: llifo drosodd

cwrwgl: cwch bach, crwn o ddarnau hir o bren wedi'u plethu trwy ei gilydd

culfor: darn cul o fôr a thir bob ochr iddo sy'n cysylltu dau fôr â'i gilydd

porthmon/porthmyn: dynion a fyddai, ers talwm, yn gyrru anifeiliaid i'r farchnad

ar drai: llif y môr yn mynd allan o'r lan; gwrthwyneb llanw

Ffaith!

Roedd dynion yn arfer dod â'r post i Ynys Môn drwy gerdded o Abergwyngregyn neu Lanfairfechan. Byddent yn croesi o Draeth Lafan i Fiwmares pan oedd y llanw ar drai!

A wyddoch chi ...

Swnt

★ Enw ar gulfor byr yw 'swnt'.

★ Mae swnt rhwng Penrhyn Llŷn ac Ynys Enlli.

★ Mae croesi'r swnt yn gallu bod yn beryglus oherwydd bod y môr yn llifo'n gyflym iawn yma.

C+A

CWESTIWN: Beth yw ystyr 'aber'?
ATEB: Lle mae afon yn llifo i afon arall neu i'r môr.

Aberdaron

Abergwili

Aberdâr

Aber

★ Mae Aberdaron ar lan y môr, ond mae Aberdâr ac Abergwili ymhell o'r môr!

★ Roedd Aberglaslyn yn arfer bod ar aber afon Glaslyn, nes codi morglawdd Porthmadog ar ddechrau'r 19eg ganrif. Nawr mae'r pentref tua phum milltir o'r môr!

Aber Afon Hafren

★ Mae'r twnnel sy'n mynd o dan afon Hafren rhwng de Cymru a de Lloegr tua 4½ milltir o hyd, ond dim ond 2¼ milltir sydd o dan y dŵr.

★ Rhwng 1886 a 2007, hwn oedd y twnnel rheilffordd hiraf ym Mhrydain.

★ Digwyddodd damwain yn y twnnel yn 1991 a chafodd 185 o deithwyr eu hanafu.

★ Roedd gwasanaeth fferi'n croesi aber afon Hafren tan 1966, pan gafodd y bont gyntaf ei hagor.

★ Cafodd ail bont Hafren ei hagor yn 1996.

Geirfa

morglawdd: clawdd llydan o bridd neu gerrig i gadw afon neu fôr rhag gorlifo

Ffaith!

Mae 60,000 o gerbydau'n croesi ail bont Hafren bob dydd.

Llynnoedd

A wyddoch chi ...

★ **Llyn Tegid** ger y Bala yw llyn naturiol mwyaf Cymru.

C+A

CWESTIWN: Beth yw maint Llyn Tegid?
ATEB: Pedair milltir o hyd ac un filltir o led.

Ffaith!

43 metr yw dyfnder Llyn Tegid.

★ Mae'r gwyniad, pysgodyn prin sy'n perthyn i'r eog, yn byw yn Llyn Tegid.

★ Mae'n debyg fod y gwyniad yno ers Oes yr Iâ.

★ Mae sôn bod anghenfil o'r enw Tegi yn nofio yn y llyn.

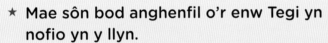

★ **Llyn Syfaddan** ger Aberhonddu yw ail lyn naturiol mwyaf Cymru.

★ Cronfeydd dŵr yw llynnoedd mawr eraill fel:

- Llyn Trawsfynydd   • Llyn Efyrnwy
- Llyn Brenig   • Llyn Celyn

★ Mae coeden uchaf Cymru, sy'n mesur 60.6 metr o uchder, ar lan Llyn Efyrnwy.

Llyn Efyrnwy

A wyddoch chi ...

★ Mae llawer o chwedlau'n gysylltiedig â llynnoedd Cymru, er enghraifft:

- Chwedl Llyn Llech Owain
- Chwedl Llyn y Fan Fach
- Chwedl Llyn Tegid
- Chwedl Llyn Cynwch
- Chwedl Llyn Cau

Llyn Cau

Llyn Llech Owain

Ffaith!

Cafodd Llyn y Fan Fach ei enwi yn 2011 yn un o'r 1,000 o leoedd ar draws y byd sy'n rhaid eu gweld.

Llyn y Fan Fach

★ Mae dau lyn yn helpu i gynhyrchu trydan yng ngorsaf bŵer trydan dŵr Dinorwig.

★ Pan nad oes galw am drydan, mae dŵr yn cael ei bwmpio o Lyn Peris i fyny i Lyn Marchlyn Mawr.

★ Pan fydd galw am drydan, mae'r dŵr yn cael ei ollwng i lawr i Lyn Peris ac mae'n gwneud i'r generaduron weithio.

Llyn Peris

Geirfa

generadur/generaduron: peiriannau cynhyrchu trydan sy'n newid egni mecanyddol yn egni trydanol

Rhaeadrau
A wyddoch chi ...

★ **Pistyll Rhaeadr**, ger Llanrhaeadr-ym-Mochnant, yw rhaeadr uchaf Cymru.

★ Mae'r dŵr yn cwympo 75 metr i bwll ac yna'n cwympo 25 metr arall.

★ Mae'n un o saith rhyfeddod Cymru.

★ Gallwch chi gerdded y tu ôl i rai rhaeadrau fel **Sgwd yr Eira** a **Sgwd Gwladus** yn ardal Ystradfellte, Cwm Nedd.

Sgwd yr Eira

David Cox

★ Mae **Rhaeadr Ewynnol** ger Betws-y-coed a rhaeadrau afon Mynach ger Pontarfynach yn denu llawer o ymwelwyr.

★ Mae arlunwyr enwog wedi tynnu lluniau rhaeadrau Cymru, er enghraifft:

• Turner (rhaeadrau Aberdulais)

• David Cox (rhaeadrau ardal Betws-y-coed)

Sgwd Henrhyd

Ffaith!

Mae Sgwd Henrhyd ym Mannau Brycheiniog yn ymddangos fel ogof Batman yng ngolygfa agoriadol un o ffilmiau mwyaf 2012, sef *The Dark Knight Rises*

Geirfa

rhyfeddod: rhywun neu rywbeth anhygoel

Camlesi
A wyddoch chi ...

★ Afon artiffisial yw camlas.

★ Cafodd llawer o gamlesi eu hadeiladu er mwyn **cludo** nwyddau fel haearn, glo a briciau yn y 18fed ganrif, adeg y Chwyldro Diwydiannol.

★ Dyma rai ohonyn nhw:

Camlas Llangollen

- Camlas Aberdâr
- Camlas Cydweli a Llanelli
- Camlas Llangollen
- Camlas Sir Fynwy a Brycheiniog
- Camlas Trefaldwyn
- Camlas Abertawe

Camlas Sir Fynwy a Brycheiniog

★ Roedd 50 o **lifddorau** ar **Gamlas Morgannwg**, rhwng blaenau Cwm Taf a Chaerdydd.

★ Cafodd y gamlas ei hadeiladu i gludo glo a haearn o Gymoedd Merthyr a Rhondda i Gaerdydd.

Traphont Ddŵr Cysyllte

Camlas yn yr awyr!

★ Roedd problem gan Thomas Telford pan oedd yn adeiladu camlas Llangollen i gysylltu afonydd Dyfrdwy a Hafren yn 1793 – roedd yn rhaid croesi Dyffryn Dyfrdwy.

★ Ei ateb oedd codi pont fawr i gario'r gamlas – Traphont Ddŵr Cysyllte (38 metr i fyny yn yr awyr).

★ Mae'n 307 metr o hyd, 3.54 metr o led a 1.60 metr o ddyfnder.

★ Costiodd £3,000,000 (£3 miliwn) o bunnoedd i'w chodi.

★ Cymerodd ddeng mlynedd i ddylunio a chodi'r draphont.

★ Hon yw traphont fwyaf Prydain!

Ffaith!

Mae'n bosib treulio eich gwyliau mewn cwch camlas yng Nghymru.

Geirfa

cludo: codi a symud rhywun neu rywbeth o un man i fan arall

llifddor/llifddorau: drysau mawr sy'n cael eu hagor a'u cau er mwyn rheoli llif neu uchder dŵr

Argaeau a Chronfeydd Dŵr
A wyddoch chi ...

★ Wal neu glawdd uchel yw argae.

★ Ar ôl i argae gael ei godi ar draws afon neu nant, mae'r dŵr y tu ôl iddo'n cronni mewn llyn ac yn rhoi cronfa ddŵr i ni.

★ Mae gwaelod yr argae yn lletach na'r top, er mwyn dal pwysau'r dŵr yn ôl.

Ffaith!

Mae Birmingham yn cael dŵr o gronfeydd Cwm Elan yng nghanolbarth Cymru. Mae dŵr Caerdydd yn dod o lynnoedd Bannau Brycheiniog, a dŵr ardal Abertawe'n dod o Lyn Brianne.

Bannau Brycheiniog

Cwm Elan

C+A

CWESTIWN: Faint o ddŵr mae Llyn Celyn yn ei ddal pan fydd yn llawn?
ATEB: 74,500,000 (74,500 miliwn) o litrau.

Llyn Celyn

Tryweryn

★ Pan gafodd argae ei godi ar draws afon Tryweryn i roi dŵr i Lerpwl, cafodd pentref Capel Celyn ei foddi yn 1965.

★ Bu protestio mawr cyn i hyn ddigwydd. Collodd llawer o bobl eu cartrefi.

Geirfa

cronni: casglu; crynhoi

cronfa: rhywbeth wedi'i grynhoi neu ei gasglu at ryw bwrpas arbennig

A wyddoch chi ...

Llyn Efyrnwy

★ Llyn Efyrnwy ym Mynyddoedd y Berwyn, Powys, oedd cronfa ddŵr gyntaf Cymru.

★ Cafodd ei hadeiladu rhwng 1881 ac 1888.

★ Mae'n cynnwys tua 13,000,000 galwyn o ddŵr.

★ Mae'n 4½ milltir o hyd a ½ milltir o led – yr un maint â 600 o gaeau pêl-droed!

★ Mae 31 afon, nant a rhaeadr yn llifo i'r gronfa.

Corsydd
A wyddoch chi ...

Cors Caron

★ Mae Cors Caron, ger Tregaron, dros 860 erw.

★ Dechreuodd y gors ddatblygu tua 12,000 o flynyddoedd yn ôl.

★ Mae dros 40 rhywogaeth wahanol yn byw yno.

★ Roedd y rheilffordd o Gaerfyrddin i Aberystwyth yn arfer croesi'r gors, ond llwybr beicio yw hon nawr.

Cystadleuaeth Snorcelu

★ Mae Cystadleuaeth y Byd ar gyfer snorcelu mewn corsydd yn ddigwyddiad blynyddol yn Llanwrtyd ym Mhowys!

★ Nid yw'r cystadleuwyr yn cael defnyddio'u breichiau i nofio – dim ond rhoi ffliper ar bob troed a chicio!

★ Cymerodd 110 o bobl ran yn 2011.

Perygl

★ Mae corsydd yn gallu bod yn beryglus iawn. Er bod corsydd yn edrych fel tir, o dan yr wyneb maen nhw'n llawn dŵr.

★ Mae sawl ceffyl a buwch wedi mynd yn sownd mewn cors, ac ambell dractor hefyd!

Geirfa

rhywogaeth: teulu neu ddosbarth o blanhigion neu anifeiliaid o'r un math
blynyddol: rhywbeth sy'n digwydd unwaith bob blwyddyn

Ogofâu
A wyddoch chi ...

★ Pan fydd afonydd yn llifo o dan ddaear, mae ogofâu'n gallu ffurfio.

★ Mae hyn wedi digwydd ger Pontneddfechan, lle mae afon Mellte yn rhedeg drwy **Borth yr Ogof**.

★ Hon yw'r ogof sydd â'r fynedfa fwyaf yng Nghymru. Mae'n 20 metr o led a thri metr o uchder.

Porth yr Ogof

★ Ger Aber-craf yng Nghwm Tawe, mae ogofâu **Dan yr Ogof**.

★ Yno mae'r ogof arddangos hiraf ym Mhrydain.

★ Mae'r ogofâu yn 11 milltir o hyd!

★ Mae'r môr yn creu ogofâu hefyd – er enghraifft, yn y clogwyni ym Mhenrhyn Gŵyr, Sir Benfro, a'r Gogarth yn Llandudno.

Dan yr Ogof

Ogof Paviland

★ Mae llun menyw o Oes y Cerrig (50,000 CC i tua 8,000 CC) ar y graig yn **Ogof Paviland** ym Mhenrhyn Gŵyr.

★ Roedd llawer o esgyrn yn yr ogof hefyd – esgyrn ceffyl, mamoth, arth a rhinoseros gwlanog.

Ffaith!

Daeth sgerbwd i'r golwg yn Ogof Paviland hefyd. Roedd mewn pridd melyngoch a chafodd ei alw yn 'Foneddiges Goch Paviland'. Ond dyn ifanc oedd e, nid dynes! Mae'r sgerbwd yn Amgueddfa Genedlaethol Caerdydd ar hyn o bryd.

Geirfa

ffurfio: cael eu creu; datblygu

Tywydd a Hinsawdd
A wyddoch chi ...

Sir Benfro

Tymheredd
★ Y tymheredd isaf erioed a fesurwyd yng Nghymru oedd -23.3°C yn Rhaeadr, Powys yn 1940.

★ Y tymheredd uchaf erioed a fesurwyd yng Nghymru oedd 35.2°C ym Mhenarlâg, Sir y Fflint yn 1990.

★ Mae arfordir Sir Benfro yn cael dros 1,700 awr o heulwen y flwyddyn.

★ Ond dim ond 1,200 o oriau o heulwen y flwyddyn mae ardaloedd mynyddig yn ei gael.

Ffaith!
Ar gopa'r Wyddfa, mae'r tywydd yn gallu bod yn 30°C yn yr haf, ond yn -20°C yn y gaeaf.

Stormydd
★ Mae taranau'n digwydd yng Nghaerdydd ar 11 diwrnod y flwyddyn ar gyfartaledd.

★ Ond yng ngorllewin a gogledd-orllewin Cymru, ar tua wyth niwrnod y flwyddyn mae'n digwydd.

★ Mae hi'n bwrw eira neu eirlaw ar dros 40 niwrnod yn Eryri...

★ ...ond ar lai na 10 diwrnod ar arfordir y de-orllewin.

C+A
CWESTIWN: Pa ardal yw'r fwyaf gwyntog yng Nghymru?

ATEB: De-orllewin Sir Benfro, gyda 30 niwrnod o wyntoedd cryf y flwyddyn ar gyfartaledd.

★ Y gwynt cryfaf erioed ar dir isel yng Nghymru oedd gwynt o 108 not yn y Rhws (Bro Morgannwg) ar 28 Hydref 1989.

Geirfa
hinsawdd: y math o dywydd sydd i'w gael yn rhywle ar adegau gwahanol o'r flwyddyn

not: mesur o gyflymdra

A wyddoch chi ...

Glaw

★ Ar yr arfordir, ac yn agos i'r ffin â Lloegr, mae llai na 1000 milimetr o law y flwyddyn.

★ Yn Hydref 1987, cwympodd 100 milimetr o law mewn 36 awr yng ngorllewin a gogledd Cymru!

★ Cafwyd llifogydd mawr a boddwyd pedwar person.

 C+A

CWESTIWN: Pa un yw'r ardal wlypaf yng Nghymru?
ATEB: Eryri – gyda dros 3000 milimetr o law y flwyddyn.

★ Digwyddodd llifogydd mawr ar hyd arfordir Cymru ar 30 Ionawr 1607.

★ Cododd ton fawr tua dau fetr o uchder fel tswnami o'r môr a tharo'r arfordir o Dalacharn yn Sir Gaerfyrddin hyd at Gas-gwent.

★ Caerdydd oedd y dref a gafodd ei heffeithio fwyaf.

Tywydd rhyfedd

★ Weithiau mae tywod o'r Sahara'n cael ei gario ar y gwynt i Gymru.

★ Ar 18 Awst 2004, cwympodd pysgod o'r awyr ar bentref Trefyclo ym Mhowys!

★ Yn 1996, cwympodd dwsinau o frogaod o'r awyr yn Llanddewibrefi!

Geirfa

ffin: llinell rhwng dwy ardal neu wlad
llifogydd: llawer o ddŵr sy'n llifo dros dir sydd fel arfer yn sych
dwsin/dwsinau: grwpiau o ddeuddeg

Llosgfynyddoedd
A wyddoch chi ...

C+A

CWESTIWN: Ble mae'r creigiau hynaf yng Nghymru?

ATEB: Ynys Môn – maen nhw tua 4,500,000 (4,500 miliwn) o flynyddoedd oed.

★ Roedd llosgfynyddoedd yng Nghymru tua 500,000,000 (500 miliwn) o flynyddoedd yn ôl, ac mae creigiau sy'n dangos hyn i'w gweld:

- o Gadair Idris i Benrhyn Llŷn
- o fynyddoedd Preselau i Dyddewi
- yn ardal Llanelwedd

Mynyddoedd Preselau

Cadair Idris

Ffaith!

Bu'n rhaid i drigolion cymuned Gymraeg Patagonia wisgo mygydau yn yr Eisteddfod yn 2008 gan fod llosgfynydd cyfagos yn Chile wedi echdorri a'r llwch wedi glanio yno.

Geirfa

echdorri: ffrwydro ac arllwys tân

Daeargrynfeydd
A wyddoch chi ...

★ Digwyddodd y daeargryn mwyaf yn yr 20fed ganrif ym Mhrydain ar Benrhyn Llŷn ar 19 Gorffennaf 1984.

★ Roedd yn mesur 5.4 yn ôl Graddfa Richter!

★ Mae tua 200 i 300 o ddaeargrynfeydd yn digwydd ym Mhrydain bob blwyddyn.

★ Dim ond 10% o'r rheini sy'n ddigon cryf i gael eu teimlo.

★ Mae'r rhan fwyaf o ddaeargrynfeydd Cymru'n digwydd yn ardaloedd Penfro, Caernarfon ac Abertawe.

Graddfa Richter

★ Mae Graddfa Richter yn mesur pa mor gryf yw pob daeargryn.

★ Americanwr o'r enw Charles Richter a ddyfeisiodd y dull hwn.

★ Mae'n mynd o'r gwannaf (maint un) i'r cryfaf (maint naw).

★ Mae mwy na 600,000 o ddaeargrynfeydd maint dau a llai ar Raddfa Richter yn digwydd yn y byd bob blwyddyn.

Geirfa

graddfa: cyfres o rifau sydd wedi'u trefnu er mwyn mesur neu gymharu rhywbeth

dyfeisio: creu dyfais newydd neu ffordd newydd o wneud rhywbeth

Yr Arfordir
A wyddoch chi ...

* Mae gan Gymru tua 750 milltir o arfordir.

* Yr Ymddiriedolaeth Genedlaethol sy'n berchen ar tua 164 milltir ohono.

Llwybr Arfordir Cymru
Wales Coast Path

Record Byd!
* Ym Mai 2012, Cymru oedd y wlad gyntaf yn y byd i gael llwybr ar hyd yr arfordir cyfan!

* Mae llwybr yr arfordir yn mynd yr holl ffordd o amgylch Cymru (870 milltir).

* Mae'r llwybr yn dechrau yng Nghasgwent yn y de, ac yn gorffen yn Y Fferi Isaf yn y gogledd.

* Hwn yw llwybr arfordir hiraf Prydain.

A wyddoch chi ...

★ Os bydd lefel y môr yn codi oherwydd cynhesu byd-eang, gallai arfordir Cymru edrych yn wahanol iawn. Byddai arfordir Penrhyn Llŷn yn erydu a byddai gorlifo'n digwydd yn aberoedd Hafren a Dyfrdwy.

CWESTIWN: Pa draeth gafodd ei enwi fel y traeth gorau ym Mhrydain yn 2011?
ATEB: Port Einon, ar Benrhyn Gŵyr.

★ Yn 2012, cyflwynwyd Baner Las i 43 traeth a 5 marina yng Nghymru.

★ Mae'r Faner Las yn dangos bod popeth yn y lleoliad hwnnw'n lân ac yn daclus.

★ Yn y llyfr teithio enwog *Lonely Planet*, cafodd arfordir Cymru ei enwi fel y lle gorau ar y ddaear i ymweld ag e!

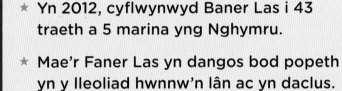

★ Mae twristiaid yn hoffi ymweld ag arfordir Cymru. Mae economi'r wlad yn dibynnu llawer ar dwristiaeth.

Geirfa

cynhesu byd-eang: y byd i gyd yn mynd yn fwy poeth
erydu: tir, creigiau ac ati yn cael eu treulio'n raddol gan ddŵr neu'r tywydd

Ynysoedd
A wyddoch chi ...

Ynys Môn

* **Ynys Môn** yw ynys fwyaf Cymru.
* Mae'n 275 milltir sgwâr.
* Yma mae'r boblogaeth ail leiaf o holl siroedd Cymru.

C+A

CWESTIWN: Pa ynys sy'n agos at wersyll yr Urdd, Llangrannog?
ATEB: Ynys Lochdyn.

Ynys Sgomer

* Nid ynys go iawn yw **Ynys y Barri** erbyn hyn, ond penrhyn.
* Roedd hi'n ynys cyn i'r dociau gael eu hadeiladu yn yr 1880au.
* Mae 50% o Adar Drycin Manaw'r byd yn nythu ar **Ynys Sgomer** ac **Ynys Sgogwm** yn Sir Benfro ac **Ynys Enlli**!

Ynys Bŷr

* Dim ond milltir a hanner wrth filltir yw maint Ynys Bŷr.
* Mae mynachod wedi byw ar yr ynys ers y 6ed ganrif.
* Maen nhw'n enwog am gadw gwenyn, a gwneud siocled a phersawr.

Ynys Enlli

* Dim ond un bryn sydd ar Ynys Enlli. Mae'n 167 metr o uchder.
* Yn ôl y chwedl, mae 20,000 o saint wedi'u claddu yno.
* Roedd pobl yn arfer dod ar bererindod i'r ynys.

Ffaith!

Yn y 19eg ganrif, roedd un o bobl Enlli'n cael ei ethol yn 'Frenin'. Gwaith y brenin oedd penderfynu beth i'w wneud os oedd dadl rhwng dau berson!

Geirfa

penrhyn: darn o dir sy'n ymestyn i'r môr
pererindod: taith i fan sanctaidd
ethol: dewis drwy bleidlais

26

A wyddoch chi ...

Ynys Echni

★ Mae Ynys Echni bum milltir o Gaerdydd a'r Barri.

★ Yn 1896 cafodd ysbyty ei godi yno i gleifion oedd yn dioddef o colera.

★ Yn 1897, anfonodd Guglielmo Marconi y signalau radio cyntaf dros y môr o Drwyn Larnog ym Mro Morgannwg i Ynys Echni – pellter o 3.7 milltir!

Ynys Llanddwyn

★ Aeth Santes Dwynwen, nawddsant cariadon Cymru, i fyw ar Ynys Llanddwyn yn y 5ed neu'r 6ed ganrif.

★ Mae'n debyg fod y ffynnon yno'n gallu iacháu pobl!

Ynys Dewi

Ffaith!

Mae palod ffug wedi cael eu rhoi ar Ynys Dewi er mwyn ceisio denu palod go iawn i nythu yno!

Geirfa

colera: haint
iacháu: gwella
pâl/palod: adar y môr sydd â phig fawr liwgar

Parciau Cenedlaethol
A wyddoch chi ...

Eryri

★ Mae tri pharc cenedlaethol yng Nghymru:
- Eryri
- Bannau Brycheiniog
- Parc Arfordirol Sir Benfro

★ Mae'r parciau'n cynnwys 19.9% o arwynebedd Cymru gyfan.

★ Mae ychydig dros bedair miliwn o bobl yn ymweld â phob un o'r parciau cenedlaethol bob blwyddyn.

★ Mae ymwelwyr yn gwario:
- £498,000,000 (£498 miliwn) y flwyddyn ym Mharc Arfordirol Sir Benfro
- £396,000,000 (£396 miliwn) yn Eryri
- £197,000,000 (£197 miliwn) ym Mannau Brycheiniog

★ Mae'r llwybrau cyhoeddus ym Mharc Cenedlaethol Eryri yn ymestyn dros 1,497 milltir!

Bannau Brycheiniog

Parc Arfordirol Sir Benfro

C+A

CWESTIWN: Faint o'r bobl sy'n byw ym Mharc Cenedlaethol Eryri sy'n siarad Cymraeg?
ATEB: 62% o'r bobl.

	Parc Cenedlaethol Eryri	Parc Arfordirol Sir Benfro	Bannau Brycheiniog
Yr hynaf:	1951	1952	1957
Y mwyaf:	2,176 cilometr sgwâr	621 cilometr sgwâr	1,344 cilometr sgwâr
Yr uchaf:	Yr Wyddfa – 1,085 metr	Moel Cwmcerwyn – 536 metr	Pen y Fan – 886 metr
Y mwyaf poblog:	25,482 o bobl yn byw yno	22,800 o bobl yn byw yno	32,000 o bobl yn byw yno
Y mwyaf arfordirol:	60 cilometr o arfordir	418 cilometr o arfordir	Dim arfordir o gwbl
Y nifer mwyaf o ymwelwyr:	4.27 miliwn	4.2 miliwn	4.15 miliwn

Geirfa

ymweld: mynd i weld rhywun neu rywbeth
arfordirol: y rhimyn o dir ar lan y môr

Ffaith!

Parc Arfordirol Sir Benfro yw'r unig barc cenedlaethol arfordirol ym Mhrydain.

Ardaloedd o Harddwch Naturiol Eithriadol

A wyddoch chi ...

Penrhyn Gŵyr

★ Cyfoeth Naturiol Cymru sy'n penderfynu pa ardaloedd sy'n cael bod yn Ardal o Harddwch Naturiol Eithriadol.

★ Mae harddwch naturiol yr ardaloedd hyn yn cael ei warchod.

★ **Penrhyn Gŵyr** oedd yr ardal gyntaf yn y Deyrnas Unedig i gael ei dynodi'n Ardal o Harddwch Naturiol Eithriadol, yn 1956.

★ Yr ardaloedd eraill yng Nghymru yw:

• **Penrhyn Llŷn** (1956)

Penrhyn Llŷn

Arfordir Ynys Môn

• **Arfordir Ynys Môn** (1967)
• **Dyffryn Gwy** (1971)
• **Bryniau Clwyd a Dyffryn Dyfrdwy** (2011): Dyma'r lle cyntaf i'w ddynodi'n Ardal o Harddwch Naturiol Eithriadol ers 26 mlynedd!

Dyffryn Gwy

Dyffryn Dyfrdwy

Geirfa

gwarchod: gofalu am rywbeth neu rywle; diogelu
dynodi: rhoi teitl i rywbeth

29

Teithio
A wyddoch chi ...

C+A

CWESTIWN: Pwy adeiladodd y ffyrdd cyntaf yng Nghymru?
ATEB: Y Rhufeiniaid. Roedden nhw'n ceisio gwneud y ffyrdd mor syth ag oedd yn bosib.

Ffyrdd

★ Llywodraeth Cymru sy'n gofalu am 75 milltir o draffyrdd a dros 1,000 milltir o ffyrdd Cymru.

★ Mae gan lawer o ffyrdd Cymru enwau sy'n cynnwys llythyren a rhifau.

★ Slawer dydd, roedd y Goets Fawr yn cymryd 26 awr i deithio o Lundain i Gaergybi.

★ Mae llawer o ffyrdd gogledd Cymru'n dechrau â rhif pump, oherwydd mai'r A5 yw'r ffordd o Lundain i Gaergybi.

★ Mae llawer o ffyrdd de Cymru'n dechrau â rhif pedwar, oherwydd mai'r A4 oedd y ffordd oedd yn dod o Lundain i'r gorllewin (yr M4 nawr).

★ Traffordd yr M4 yw'r unig draffordd yng Nghymru.

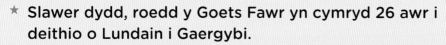

Rheilffyrdd

★ Yn 1804, tynnodd injan stêm Richard Trevithick:
  • ddeg tunnell o haearn, pum cerbyd a deg dyn ar hyd y 'ffordd haearn' rhwng Penydarren ac Abercynon
★ Roedd yn daith o naw milltir a hanner.
★ Cymerodd hi bedair awr a phum munud.
★ Teithiodd ar gyflymder o tua 2.4 milltir yr awr!
★ Dyma'r trên stêm cyntaf yn y byd i deithio'n llwyddiannus ar y cledrau.

Geirfa

traffordd: heol lydan ar gyfer teithio'n bell yn gyflym

A wyddoch chi ...

* Cafodd y rheilffyrdd cyntaf eu hadeiladu i gludo glo i'r porthladdoedd.

* Roedd rheilffordd rhwng Rhydaman a Llanelli erbyn 1840, ac un rhwng Merthyr a Chaerdydd erbyn 1841.

* I osgoi'r mynyddoedd, mae llawer o reilffyrdd Cymru'n dilyn yr arfordir.

CWESTIWN: Pryd y digwyddodd y ddamwain drên waethaf yng Nghymru?
ATEB: Yn 1868, pan laddwyd 55 o bobl.

* Mae Cymru'n enwog am ei 'rheilffyrdd bach' fel rheilffyrdd Cwm Rheidol a Thal-y-llyn a rheilffordd Ucheldir Cymru rhwng Caernarfon a Phwllheli.

* Mae'n rhaid teithio drwy'r Amwythig i fynd o Aberystwyth i Gaerdydd ar y trên!

* Mae'r daith yn cymryd tua phedair awr!

* Mae trên yr Eurostar rhwng Llundain a Pharis yn gallu teithio ar gyflymder o 186 milltir yr awr!

Geirfa

osgoi: cadw allan o ffordd rhywun neu rywbeth

Poblogaeth
A wyddoch chi ...

C+A
CWESTIWN: Faint o bobl sy'n byw yng Nghymru?
ATEB: 3,000,600 (3.06 miliwn) o bobl.

★ Yn ne Cymru, mae llawer o drefi wedi datblygu lle mae dau gwm neu ddwy afon yn cwrdd, er enghraifft:
- Pontypridd
- Pen-y-bont
- Caerffili
- Pont-y-pŵl

Caerffili

Conwy

★ Mae:
- 26% o boblogaeth Cymru'n byw mewn ardaloedd trefol
- 20% yn byw mewn pentrefi lle mae llai na 1,500 o bobl yn byw
- 15% o boblogaeth y wlad yn byw mewn ardaloedd gwledig iawn

★ Yng Nghonwy, mae canran uchaf y bobl dros 65 oed (25%).

★ Dros Gymru gyfan, 18.3% yw'r ganran.

★ Yn Wrecsam mae canran uchaf y plant rhwng 0 a 5 oed (7%).

★ Mae'r ganran isaf (5%) yng Ngheredigion.

★ Mae 19% o boblogaeth Cymru'n dweud eu bod nhw'n gallu siarad Cymraeg.

★ Mae'r ganran uchaf (65.4%) yng Ngwynedd...

★ ...a'r ganran isaf (7.8%) ym Mlaenau Gwent.

Geirfa

datblygu: tyfu'n fwy neu ddod yn well
poblogaeth: nifer y bobl sy'n byw mewn un lle
canran: rhan o gant; ffordd o ddangos cyfartaledd

Ffaith!

Mae ¾ y boblogaeth yn byw yn ne ddwyrain Cymru.